Dʳ SEMELAIGNE

YVES D'ÉVREUX

ou

ESSAI DE COLONISATION

AU BRÉSIL

CHEZ LES TAPINAMBOS

DE 1612 A 1614

PARIS

LIBRAIRIE DES BIBLIOPHILES

Rue Saint-Honoré, 338

M DCCC LXXXVII

YVES D'ÉVREUX

Dʳ SEMELAIGNE

YVES D'ÉVREUX

OU

ESSAI DE COLONISATION

AU BRÉSIL

CHEZ LES TAPINAMBOS

DE 1612 A 1614

PARIS

LIBRAIRIE DES BIBLIOPHILES

Rue Saint-Honoré, 338

M DCCC LXXXVII

A M. FERDINAND DENIS

Administrateur Honoraire

DE LA BIBLIOTHÈQUE SAINTE-GENEVIÈVE

A PARIS

YVES D'ÉVREUX

JE ne sais si le nom du Père Yves d'Evreux est connu de beaucoup de monde en Normandie; il ne me répugnerait guère d'en douter. Pour mon compte, j'avoue que je l'ai ignoré pendant longtemps. Le *Voyage*[1] du révérend capucin dans le nord du Brésil n'a été réimprimé d'ailleurs qu'en 1864, tout juste deux siècles et demi après la mission aventureuse qu'on lui avait confiée. Un seul exemplaire de l'édition primitive de son livre, que la politique sous Louis XIII crut devoir faire supprimer,

1. *Voyage dans le Nord du Brésil, fait durant les années 1613 et 1614 par le Père Yves d'Evreux*, publié d'après l'exemplaire unique conservé à la Bibliothèque impériale de Paris, avec une introduction et des notes par M. Ferdinand Denis, conservateur à la Bibliothèque Sainte-Geneviève. — Leipzig et Paris, Librairie A. Franck, 1864.

échappé par hasard à la destruction, dormait d'un sommeil tranquille sur un des rayons de la Bibliothèque nationale, lorsqu'en 1835 un jeune voyageur, avide de recherches, l'y découvrit, M. Ferdinand Denis, depuis conservateur à la bibliothèque Sainte-Geneviève. Dire la surprise et la joie de l'honorable savant à la vue de son heureuse trouvaille serait difficile. La relation du P. Yves forme, en effet, comme le complément naturel de celle du P. Claude d'Abbeville, autre zélé missionnaire, le collaborateur du P. Yves durant quelques mois et son compagnon d'apostolat dans ces lointaines contrées. Tous deux appartenaient au même ordre, celui des Capucins, dont le couvent, alors célèbre, fondé en 1575 par Catherine de Médicis, occupait rue Saint-Honoré, vis-à-vis du jardin des Tuileries, un emplacement considérable. Véritable Thébaïde, ses murs confinaient à l'enceinte de la ville. Des hommes ayant joué un certain rôle dans la société par leur élégance, leur savoir ou leurs richesses, étaient venus déjà y chercher un abri, afin de pouvoir y consacrer avec plus d'efficacité leur existence au soulagement des pauvres ou aux travaux élevés de la prédication. Yves d'Evreux, né dans des conditions plus modestes et préparé, au contraire, dès l'enfance pour la vie cénobitique, aurait acquis de bonne heure, suivant ses biographes, une réputation exceptionnelle et méritée dans la chaire. Mais, moins brillant encore que solide par les qualités de son esprit, on le regardait surtout comme propre à l'action dans les circonstances décisives ou périlleuses. Une occasion se présentant, le provincial de l'ordre le choisit avec trois autres moines ' pour aller évangéliser les sauvages.

Quelque temps après, tous quatre étaient en rade de Cancale, où un hardi marin, l'amiral de Razilly, appareillait pour l'Amérique du Sud.

*
* *

Au commencement du XVIIe siècle, la période enthousiaste des explorations maritimes, si éclatante au début, n'avait pas encore pris fin. L'espoir était toujours sans bornes. Si Jacques Cartier, en découvrant le Canada, avait doté son pays d'un vaste territoire qu'on appela la *Nouvelle-France*, territoire qui, depuis Louis XV, appartient à d'autres, mais dont les habitants nous regrettent, une *France équinoxiale*, dans les rêves de l'imagination ne paraissait pas, comme établissement, au-dessus de nos forces. De là l'expédition dont il s'agit, sagement conçue et organisée

---

1. Voici leurs noms : Le T. V. P. Yves d'Évreux, supérieur ; le T. V. Claude d'Abbeville ; le T. V. P. Arsène de Paris ; le T. V. Ambroise d'Amiens.

1.

avec l'approbation officielle du gouvernement. Un lieutenant général du roi, Daniel de La Tousche, seigneur de La Ravardière, l'âme et l'inspirateur de l'entreprise, avait obtenu effectivement de Henri IV, vers 1605, des lettres patentes à ce sujet. Des banquiers s'entremirent pour la réunion des fonds nécessaires. Quant à l'appui moral, il résidait tout entier, ainsi qu'on le verra, dans le dévouement et le cœur des religieux.

Partie de Cancale en 1612, dans le courant de mars, la flottille de l'amiral de Razilly [1] fut presque aussitôt assaillie en mer par une violente tempête, qui sépara ses trois vaisseaux. Ils se rallièrent sur les côtes d'Angleterre. Mais, entravés dans leur marche par toute sorte d'accidents, ils ne purent aborder au lieu de leur destination, le Marahnam, que cinq mois après leur départ. C'était un dimanche, le jour de la fête de sainte Anne, coïncidence dont les Pères se réjouirent (la mère de l'amiral portait ce nom) comme d'un augure favorable. A peine descendus à terre, leur premier soin fut, selon l'usage, d'y planter une croix en signe de prise de possession du sol au nom de Dieu et de la France. Tout l'équipage assistait

1. Isaac de Razilly, chevalier de l'ordre de Saint-Jean de Jérusalem, premier capitaine de l'amirauté de France, chef d'escadre des vaisseaux du roi en la province de Bretagne. Nommé amiral de la flotte royale expédiée sur les côtes de Barbarie en 1630, il s'adjoignit La Ravardière dont il avait su apprécier le mérite.

pl ein de foi à la cérémonie; officiers et matelots étaient sous les armes. Des chants remplirent l'air, on tira des salves de mousqueterie. Après les dures souffrances d'une longue et pénible navigation, la joie, on le comprend, débordait du fond des cœurs. Une trentaine d'Indiens, attirés par le bruit et éblouis par les ornements des religieux, suivaient de loin du regard tout ce qui se passait, muets d'étonnement et d'admiration. Pareil spectacle, au milieu du désert, ne manquait certes pas de grandeur dans sa simplicité.

Aujourd'hui, à cette même place où le P. Yves, confiant dans l'avenir, entonnait en 1612 un *Te Deum* d'actions de grâces, s'élève une ville florissante, Saint-Louis du Marahnam, dont l'origine, toute française, remonte à cette époque.

Admirablement située, la province du Marahnam est par sa fertilité une des plus riches du Brésil. D'un aspect mouvementé, arrosée par de nombreux cours d'eau, elle égale presque la France en superficie. Désignée déjà sous la dénomination portugaise de Marahnao, elle n'était habitée alors que par des sauvages, qui se divisaient en différentes tribus, souvent opposées entre elles. Une des principales et la plus apte peut-être aux idées de progrès était celle des Tapinambos, sur le territoire de laquelle nous venions de prendre pied. Aucune trace de civilisation, ni

ruines ni vestiges quelconques ne s'y rencontraient;
c'était l'état de nature, mais d'une nature jeune et exu-
bérante de sève, tandis qu'à l'opposite, sur les côtes
du Grand Océan, de vieux empires, dont on ne peut
même supputer la durée, venaient de s'écrouler sous
les coups des Espagnols. Ainsi du Mexique et du
Pérou.

Au Brésil, comme au Marahnam, l'âge de pierre
n'avait pas été dépassé lors de l'arrivée des Européens.

*
* *

Retirés à quelque distance de la mer, au fond des
bois, les Tapinambos formaient çà et là de pauvres
villages, agglomération de huttes mal closes, faites
de quelques poteaux et recouvertes de feuilles de
palme. Toutes ces huttes se ressemblaient entre elles.
Une plus grande, le *Carbet*, était destinée aux assem-
blées publiques. Dans le voisinage, des jardins assez
convenablement entretenus et qu'on labourait naguère
encore avec des bêches dont le manche se terminait
par un silex ou était tout simplement taillé en pointe,
fournissaient à leurs maîtres des légumes et du manioc en quantité suffisante pour leur nourriture. Ces
plantes constituaient la base d'une alimentation, à laquelle la chasse et la pêche pourvoyaient, en outre,
avec plus ou moins de régularité. Poisson de mer et

de rivière, phoques, tortues dont les œufs étaient un régal, cerfs, tapirs, pécaris, lapins, oiseaux de toutes couleurs, poules, faisans, perdrix, etc., abondaient dans le pays ; mais il fallait les tuer ou les prendre. Ajoutons que, l'arc et l'hameçon à la main, les Tapinambos étaient, comme tous les sauvages, d'une adresse merveilleuse. Rapporté à la loge, on plaçait le gibier sur le boucan pour qu'il s'y desséchât peu à peu, à la fumée.

Toutes connaissances ne faisaient pas défaut, ainsi qu'on pourrait le croire, aux Indiens. Un mot nous édifiera ultérieurement sur leurs croyances, leurs mœurs, leurs usages, leur industrie.

*
*　*

Notre installation, d'abord provisoire, se fit, contre toute attente, sans encombre. La paix semblait régner parmi les tribus. Cependant il importait au plus haut point, pour la sécurité et le développement de notre colonie, que l'autorité militaire se hâtât de construire un fort et des retranchements en règle. Une attaque était à craindre, en effet, de la part des Portugais, déjà établis au Brésil, et à qui notre présence, non loin d'eux, portait naturellement ombrage. Un couvent et une chapelle étaient, d'un autre côté, indispensables pour les besoins du culte et l'instruction des néophytes. A l'appel des Pères les sauvages accoururent en foule avec leurs femmes, leurs enfants et des provisions de bouche. Un même élan de sympathie les animait. Hospitaliers, affables, toujours bienveillants, les Pères n'avaient eu qu'à se montrer pour se faire aimer de ces créatures naïves. L'entrain des Français, leur bonne humeur, n'avaient pas déplu, d'autre part, aux Indiens, ni, en particulier, aux Indiennes. Les travaux marchèrent rapidement sous la surveillance des principaux ou anciens de chaque village. « Il y avoit entre eux, dit le P. Yves, une émulation non petite à qui feroit plus de voyages et porteroit un plus grand nombre de paniers de terre. » Ils riaient, chantaient, s'encourageaient mutuellement en fumant leur coffin de petun ou pipe de tabac. A les regarder, on eût dit une vraie partie de plaisir. Les femmes aidaient les hommes de leur concours. Quant aux petits enfants, on les avait amenés, observe le P. Yves, pour voir leurs parents à l'œuvre, et dans la pensée qu'ils devraient plus tard, à leur exemple, travailler avec la même ardeur. La leçon, pour des sauvages, n'était pas dénuée de prévoyance.

Traités avec douceur, on obtenait des Indiens tout ce qu'on voulait. Un air rogue, des menaces, auraient eu un effet contraire.

*
* *

Une fois notre colonie à l'abri d'un coup de main,
La Ravardière jugea opportun de mettre à exécution
le projet qu'il avait formé, dans un précédent voyage,
de remonter le fleuve des Amazones, dont le long
cours n'avait guère été sillonné jusque-là que par des
sauvages, sauf par quelques navigateurs intrépides,
tels que Alphonse le Xaintongeois et un médecin de
Henri IV, Jean Mocquet. Au loin, vers les sources du
fleuve, une île, d'après nos amis les Tapinambos,
l'île des Amazones, ne renfermait que des femmes et
des filles, essaim émigré jadis de leur tribu, du moins
ils le croyaient, sous la conduite de l'une d'elles. Une
espèce de mystère les entourait. Leur coupait-on le
sein droit, ainsi que l'avaient rapporté des voya-
geurs? Comment le nombre de ces guerrières, répu-
tées si braves, ne diminuait-il pas? Le mythe des
Amazones, selon une remarque des plus judicieuses,
aurait fait partie de presque toutes les civilisations à
leur berceau.

Les préparatifs de l'expédition commencèrent aussitôt. Parmi les peuplades voisines, et elles étaient
nombreuses, on en accueillit la nouvelle avec une sa-
tisfaction générale. Les Indiens ne songèrent pour

eux qu'au butin qu'ils pourraient faire et aux malheureux qu'ils ramèneraient prisonniers et qu'attendait l'esclavage. L'ennemi vaincu, à qui on disait en
le frappant de la main sur l'épaule : « Je te fais mon
esclave », appartenait dès lors à celui qui l'avait pris ;
souvent il épousait sa fille, ce qui ne l'empêchait pas,
à un moment donné, d'être tué, boucané et mangé,
lui et, conséquence horrible de l'esclavage, ses enfants.
Ainsi le voulait une ancienne coutume, consacrée par
la superstition et entretenue surtout par quelques
vieilles femmes de la tribu, laides mégères, « rechi-
gnées et ridées, dit le P. Yves, comme un parchemin
mis au feu », qui, ce jour-là, s'en allaient autour des
loges en criant : « Nous le tuerons, nous le mange-
rons. » A elles seules était réservée la tâche de le
faire rôtir. Il y avait même des recettes pour la préparation de ces festins de cannibales.

Des canots disposés pour le transport des troupes
furent réunis aussi promptement que possible sur les
bords de la mer et sur les rives du fleuve. Ils consistaient en de grands arbres, dont on enlevait d'abord
l'écorce et qu'on creusait ensuite au moyen d'un feu
de copeaux, qui en brûlait lentement l'intérieur ; puis,
cela fait, on raclait, au fur et à mesure de la com-
bustion, les parties imparfaitement carbonisées,
usqu'à ce que la coque de l'arbre n'eût plus que
deux doigts d'épaisseur. Certains de ces canots pou-

vaient contenir, dit-on, de deux à trois cents hommes, avec leurs armes et de la farine de guerre. Peut-être en reliait-on plusieurs entre eux. Étroits, légers, rapides, on les manœuvrait avec des avirons dont la longueur n'excédait pas trois pieds, et qu'on piquait dans l'eau au lieu de les tenir plus ou moins horizontalement. On se représente sous cette figure les premières pirogues des Normands.

*
* *

Toutefois, à la veille d'une expédition, le plus grand souci, la plus instante préoccupation des Indiens, était la préparation des plumes, des *plumaceries*, comme l'écrit le P. Yves. Ces plumaceries différaient selon qu'elles ornaient la tête, les bras, les reins ou les armes des guerriers. Une espèce de mitre, composée de plumes rouges, bleues, jaunes, violettes, assez habilement arrangées, recouvrait la tête. D'autres plumes s'élevaient au-devant du front, ou retombaient librement sur le cou. De larges bracelets façonnés non sans art entouraient les poignets. Sur les reins, et suspendue au cou par deux cordons rouges entre-croisés, battait une rondache en forme de bouclier et faite uniquement de plumes d'autruche. Le tout était agglutiné avec de la gomme et retenu par des fils de coton. Ressembler à une autruche, animée par la colère et les ailes soulevées, était, on ne s'en douterait pas, la suprême ambition des guerriers indiens.

D'autres ornements tout aussi primitifs complétaient ce singulier accoutrement. Ceux-ci ajustés et mis en place, on était parfait, et la toilette ne laissait plus, comme distinction, rien à désirer. Aucun objet ne les rendait plus fiers que des dents d'once et de sanglier qu'on enchâssait, à l'aide d'une incision, dans les lèvres, les joues et les oreilles. Le nez, par un caprice bizarre, était privé de ces ornements. L'once et le sanglier, ou plutôt le jaguar et le pécari, étaient pour ces peuplades des types de force et de courage qu'elles se proposaient pour modèles, conjointement avec l'autruche. Tel était, en résumé, d'après le P. Yves, le costume de guerre et de fête des Indiens. Nulle autre parure, en l'absence de vêtements, ne leur embarrassait le corps, tatoué dans toutes ses parties depuis la tête jusqu'aux pieds. « Car ils avoient accoustumé de s'inciser le corps et le découper aussi joliment que les tailleurs et cousturiers bien expérimentez en leur art découpent leurs habitz. » Une dent d'agouti et de la gomme brûlée leur servaient pour ces dessins. Les esclaves, à moins d'une autorisation spéciale, n'avaient pas le droit de s'illustrer ainsi la peau. Un simulacre de ceinture était le seul dessin qui fût permis aux femmes.

A l'égard des armes, épées ou arcs, diverses plumes les ornaient également à leurs extrémités.

Arrivait enfin, et ce jour-là était attendu avec impatience, le jour des adieux, solennité qu'on célébrait en buvant du vin nouveau, fait avec du miel ou des pommes d'acajou. « O le vin, le bon vin ! » allait-on chantant comme aux fêtes de la moisson ou de la cueillette des jardins. On dansait, on buvait à qui mieux mieux, jusqu'aux femmes « buvant l'une à l'autre et faisant mille singeries dont elles provoqueroient les plus tristes et plus espleurez à se débonder de rire ». Car les idées, de même que les sentiments humains, se sont exprimées en tous lieux chez les peuples enfants par des mouvements rythmés du corps et de la voix, et aussi par des libations copieuses. De jeunes filles servaient le vin dans des courges ou dans des tasses de bois. Si parmi les convives un d'eux avait trop bu, on le couchait avec précaution et même déférence. L'ivresse imposait le respect. Bien rarement, d'ailleurs, des querelles ou des rixes troublaient ces agapes auxquelles on donnait le nom de *Caouins* [1]. Les *Carbets* étaient des réunions plus tranquilles. Les hommes, dans ces fêtes, accompagnaient les chants en soufflant dans des sifflets ou flûtes qu'ils préparaient avec les os des jambes, des cuisses

---

1. De *Caouin*, espèce de bière faite avec du maïs, du manioc ou du cajou, etc., qu'on buvait dans ces festins.

ou des bras de leurs ennemis. Rendant un son clair et aigu, ces étranges instruments de musique s'entendaient de très loin. En guerre, ils pendaient toujours à la ceinture des Indiens avec leur coffin de petun.

*
* *

Le 8 juillet 1613, La Ravardière quittait donc Saint-Louis du Marahnam au bruit des canons du fort, emmenant avec lui 40 soldats, 10 matelots, et, par prudence et en vue d'éventualités possibles, 20 sauvages choisis parmi les principaux de la province. Une de ses premières stations, avant d'aborder aux rives du fleuve, fut dans un endroit appelé *Comma*. Il s'arrêta ensuite dans un autre, les *Caietès*, où un grand nombre de villages peuplés, ainsi que le Marahnam, de Tapinambos, avaient établi leurs demeures. Des liens d'amitié se nouèrent aussitôt entre eux. En échange de serpes, de haches et d'habits qu'il leur offrit, La Ravardière reçut, comme marque d'une alliance durable, 60 esclaves qu'il s'empressa, n'en sachant que faire, d'expédier à Saint-Louis. De grands canots le conduisirent de là sur les bords du *Para*, à l'embouchure méridionale de l'Amazone. S'engageant dans les terres, sur un des affluents du fleuve, probablement le *Tocantins*, il s'avança jusqu'à une distance de près de 60 lieues, limite extrême où

il rencontra les chefs du pays (encore des Tapinambos), qui venaient lui demander des secours. Ils le
supplièrent, en effet, de vouloir bien leur prêter main-
forte contre les Camaparins, gens, d'après eux, sans
aveu, farouches, cruels, toujours en hostilité avec
leurs voisins, et qui récemment avaient tué et mangé
trois petits enfants de leur tribu, victimes dont ils
gardaient les os, ils s'en vantaient du moins, pour
les montrer à leurs parents. La Ravardière, par pitié
et aussi par politique, se rendit à la prière de nos
nouveaux alliés, et, après avoir traversé avec eux des
bois, des rivières, il gagna résolument le territoire des
ennemis. Un autre chef, Vuac-Ouassou, lui offrit des
renforts qu'il refusa, ses forces, 1,200 hommes, lui
paraissant assez considérables pour mener à bien une
aussi petite affaire. Les Camaparins, peuplade au naturel féroce et intraitable, avaient pour abri, comme
tous les sauvages, de misérables huttes qu'ils désignaient dans leur langage sous le nom de *Jouras*. Ces
huttes, bâties sur pilotis ou sur des troncs d'arbres,
au milieu de marais ordinairement navigables, les
rendaient par suite beaucoup plus difficiles à atteindre;
c'est là néanmoins qu'il fallut aller les chercher. Atta-
qués vigoureusement, ils se défendirent avec un
acharnement incroyable. Chez eux, la ruse et le courage marchaient de pair. Pour nous tromper sur le
chiffre de leurs défenseurs, voici, le stratagème est

curieux, ce qu'ils avaient inventé : quelques-uns des leurs étaient-ils mis hors de combat, ils les suspendaient au plafond de leurs loges et, les tirant par les pieds avec des cordes, ils les faisaient aller et venir, s'imaginant que nous prendrions de loin tous ces corps en mouvement pour autant de guerriers pleins de vie et d'activité. Les flèches qu'ils nous lançaient, dirigées d'un coup d'œil sûr, retombaient directement sur nos têtes. Une soixantaine d'entre eux ayant été tués, on vit tout à coup apparaître dans sa barque une vieille femme toute nue, droite, fière, qui, aux signaux qu'elle faisait, nous parut venir en parlementaire. « *Vuac, Vuac,* pourquoi nous as-tu amené ces bouches de feu pour nous ruiner et effacer de la terre ? Penses-tu nous avoir au nombre de tes esclaves ? Voilà les os de tes amis et de tes alliez ; j'en ai mangé la chair, et si encore j'espère que je te mangeray et les tiens. » Et elle ajouta : « Jamais nous ne nous rendrons, nostre nation est grande pour vanger notre mort. » Ce langage hautain et rempli de si belles promesses n'eut pas de succès !

Un des principaux du pays remplaça alors la vieille et laide sorcière dans sa mission ou plutôt dans ses bravades intempestives. Une balle le renversa dans son canot. La lutte était finie.

*
* *

Sur ces entrefaites, et pendant que La Ravardière se livrait sur les bords de l'Amazone à des explorations qui pouvaient nous être utiles, divers événements survenus dans la province avaient donné de l'inquiétude aux Pères. Ils crurent devoir en prévenir le général, qui revint sur ses pas. Ainsi se termina ou plutôt avorta cette expédition sur laquelle on avait fondé au début trop d'espérances. Les peuplades visitées par La Ravardière, dans ses excursions quotidiennes, étaient ou passaient pour fort pauvres en une foule de choses. Nos outils de fer, nos marchandises, haches, scies, couteaux, vêtements, les tentaient visiblement. Abondamment pourvues de coton, elles auraient pu établir avec nous des relations sous ce rapport. Peut-être le sol, dans ces parages, aurait-il procuré aussi à notre commerce d'autres produits. Quoi qu'il en soit, parmi ces populations, quelques-unes avaient décidé de suivre La Ravardière à son retour, ce qui probablement aurait eu lieu si ce retour n'avait pas été aussi précipité.

Une révolte, fomentée sourdement parmi les Tapinambos, menaçait, en effet, de s'étendre et de jeter, si elle éclatait, partout le désordre et la confusion.

D'intestins, les conciliabules étaient devenus publics.
Un sauvage, du nom de Capiton, ambitionnant le
titre de chef qu'il n'avait pu jusque-là obtenir, en
était le principal et actif instigateur. A son insu ou
non, il favorisait en cela les Portugais. D'abord
sournois et obséquieux vis-à-vis des Pères, il se mit
bientôt dans l'esprit que, soutenu par eux, il arrive-
rait plus sûrement à ses fins. Tous les moyens lui
étaient bons. A cet effet, il les informa humblement
qu'il avait envie d'apprendre le français, de s'instruire
dans la religion et d'assister aux offices. Les Pères
ajoutèrent foi à ses paroles. S'enhardissant, il aurait
voulu ensuite qu'on lui prêtât des ornements religieux
pour se montrer sous ce costume aux yeux de ses
partisans. Le refus des Pères démasqua ses batteries.
Il fit alors courir le bruit que les Français, en restant
au milieu des Tapinambos, n'avaient d'autre but que
de les asservir. L'air affairé, mécontent, il allait de
village en village, et, entrant dans les loges et les carbets, il y répandait, non sans habileté, toute sorte de
rumeurs. « *Ché! ché!* s'écriait-il, moy, moy, je suis
furieux et vaillant; moy, moy, je suis un grand sorcier; c'est moy, c'est moy qui tue les Pères! J'ai fait
mourir le Père qui est mort et enterré à Yveret. Je
tourmenteray les François avec maladies et leur don-
neray tant de vers aux pieds et aux jambes qu'ils
seront contraints de s'en retourner en leur païs. —

Nous ne devons pas les craindre, et, s'il faut que nous sortions, je veux marcher devant, etc., etc. » Ces déclamations hostiles agitèrent les loges pendant deux mois. Dénoncé par son frère, *Le Grand Chien*, dont Capiton enviait depuis longtemps l'autorité, il fut question sérieusement de le pendre. Mais Capiton était poltron, et il se rétracta bien vite en affirmant publiquement qu'il n'avait rien dit contre les Français. « Oh ! que Le Grand Chien est méchant ! murmurait-il ; ils ont menti, les Tapinambos, je ne suis point barbier, et je ne le fus jamais. » Capiton, après cette équipée malencontreuse, disparut momentanément de la scène. Caché dans un village appelé *Giroparieta*, c'est-à-dire le Village de tous les diables, il y attendit le pardon des Pères, que sa femme alla solliciter à Saint-Louis et qui lui fut accordé de bonne grâce.

Une autre cause d'inquiétude, dans le même temps, fut l'apparition, non loin des côtes, de barques portugaises qui étaient censées naviguer à la recherche de terrains propres à la culture de la canne à sucre. Le prétexte était spécieux, et on n'en fut pas dupe.

** **

Durant l'absence de La Ravardière, et aussi à propos des Portugais, l'intervention des Pères fut, d'un autre côté, mise à profit par les sauvages du *Miary*, les Tabaiares ou Miarygois. En querelle avec les *Canibaliers* qu'on excitait, et plus faibles qu'eux, ils ne craignirent pas d'implorer notre protection. Une petite troupe fut envoyée à leur secours. Thion, leur *Grand*, accueillit les Français avec toute la courtoisie dont il était capable. « Estant arrivez, ils furent receuz avec un grand applaudissement, force pleurs, force larmes, et des danses jour et nuit : les vins furent préparez en grande abondance, les sangliers et autre venaison furent apportez aux François en grand nombre; plusieurs filles des plus belles leur furent offertes, mais les François les refusèrent, alléguant que Dieu ne le vouloit pas et que les Pères l'avoient défendu. » Nos braves soldats, d'après l'historien normand, n'auraient pas toujours été aussi réservés ni aussi sages. Ils firent d'ailleurs comprendre aux Tabaiares que, s'ils voulaient être bien agréables aux Pères, ils planteraient des croix devant leurs loges pour en chasser Giropary, autrement dit le Diable.

La paix, ainsi qu'on l'avait prévu, ne tarda pas à se conclure entre les deux peuplades, *La Farine détrempée*, le chef des Canibaliers, « homme vaillant et de bonne humeur », y trouvant en fin de compte son avantage. Les Tabaiares, décimés par des combats qui se renouvelaient chaque jour, n'étaient plus, quant à eux, en état de résister. Il fut même convenu, d'après leur désir, qu'ils se retireraient par devers nous. On oublierait ainsi plus facilement les injures et les *mangeries*. Plusieurs réunions mirent les parties en présence. D'un caractère jovial, La Farine détrempée se montra dans toutes tel qu'il était naturellement, facétieux et goguenard. Après avoir tant mangé de Miarygois, il était profondément étonné, répétait-il, qu'il y en eût encore. Il les avait du reste, reprenait-il en souriant, ménagés autant qu'il l'avait pu, afin d'en avoir toujours un sur le boucan pour entretenir son appétit.

On était à l'époque de la moisson. La récolte coupée, les Miarygois ou *Pierres-Vertes*, ainsi désignés encore du nom d'une de leurs montagnes, qui était riche en minéraux de cette couleur, vinrent demander asile aux Pères. Thion, leur *Grand*, dont on flatta à dessein la vanité en se portant à sa rencontre, dut se croire pour le coup un personnage d'importance. Il fut reçu à Saint-Louis entre deux haies de soldats.

Voici, à l'occasion de ces pierres vertes (des jades ou des émeraudes), dont le trafic n'était pas, à ce qu'il paraît, sans bénéfice, ce que le P. Yves raconte :

« Un certain longs-cheveux vint chez nous, écrit-il, orné de ses plus beaux atours, qui étoient de deux branches de corne de chevreuil et de quatre dents de biche fort longues, au lieu de pendants d'oreilles, de quoy il se bravoit extrêmement, parce que cela étoit agencé industrieusement, d'autant que le commun, spécialement les femmes, ne les porte que de bois rond, assez gros, comme de deux doigts de diamètre. Vous pouvez penser quel trou ils font à leurs oreilles. Mais sa plus grande braverie estoit d'une de ces pierres vertes, longue pour le moins de quatre doigts et toute ronde qui me plaisoit infiniment, et avois grand désir de l'avoir pour porter en France. Je luy fis demander ce qu'il vouloit que je luy donnasse pour cette pierre ; il me fit responce : « donne-moy un navire de France plein de haches, serpes, habits, espées et harquebuses. » Pour les sauvages, ces pierres, on le voit, étaient d'un prix inestimable.

Au moment des troubles soulevés par Capiton et dont il a été parlé tout à l'heure, un Indien des *Caiétès, La Grande Raye,* qûi, dans sa jeunesse, avait vécu en France, s'employa de tout son pouvoir à nous servir. Il était urgent, les Pères le comprenaient, qu'on démentît les bruits mis contre nous en circulation par quelques mécontents ou peureux. Les Tapinambos ne demandaient qu'à être rassurés. Se transportant à son tour, comme Capiton, de village en village, il y fit, sur nos instances, un éloge chaleureux de notre colonie et des Français. La confiance revint. L'arrivée de La Grande Raye à Saint-Louis, après sa tournée quasi oratoire est des plus pittoresques : « Il ordonna ses gens d'une façon bien estrange. Il les rangea tous queue à queue. Ils estoient bien quelque cent ou six-vingts. Aux uns il fit prendre en main des courges, aux autres des marmites, aux autres des rondaches, aux autres des espées et poignards, aux autres des arcs et flesches et autres instrumens dissemblables ; et disposant les joueurs de *Maraca* [1] environ par dixaines, ils firent le tour des loges des Tabaiares, puis vindrent en la grande place du fort où nous estions finir leur danse devant nous, laquelle tiroit fort sur la danse des *Pantalons*, s'avançans et cheminans peu à peu, avecques mesure, frappans également tous ensemble la terre de leurs pieds, et ce au ton de la voix, et du son du *Maraca* qu'ils gardoient tous en même cadence, récitans une chanson de victoire à la louange des François. Ils remuoient la teste deçà, delà, et les mains aussi, avec tels gestes qu'ils eussent faict rire des pierres. »

*
* *

L'horizon s'assombrissait. Il était de notre intérêt, dans ces conjonctures, de ne pas laisser s'affaiblir le prestige dont les Indiens continuaient à nous entourer.

---

1. *Maraca.* — Fruit de la grosseur d'une moyenne citrouille qu'on creusait et remplissait de millet. Fixé au bout d'un bâton et recouvert de plumes, on le plantait en terre ou on le tenait à la main en dansant. Il représentait Toupan, le dieu des Tapinambos.

Des mesures d'apaisement, on l'a vu, avaient déjà été
prises par les Pères. Rentré à Saint-Louis, après une
absence d'une assez longue durée, La Ravardière ne
resta pas, de son côté, inactif. Nos moyens de dé-
fense étaient insuffisants, il les augmenta ; il augmenta
aussi le nombre des canons en position sur les rem-
parts. Malgré cela et en dépit de ces précautions, de
vagues rumeurs de guerre subsistaient toujours.
Homme d'initiative, esprit aventureux, La Ravardière,
tenu ainsi en échec, ne pouvait pas toutrefois ne pas
penser au voyage d'exploration qu'il avait commencé
sur l'Amazone et que les périls de notre situation
l'avaient obligé d'interrompre. Il craignait avec raison,
en face des complications qui surgissaient, qu'il ne
lui fût pas permis de le reprendre. Quoi qu'il en soit,
une occasion, mais d'une fort minime importance, le
surprit dans ces dispositions morales. Ayant entendu
dire qu'à cent cinquante lieues du Marahnam, dans
l'intérieur des terres, un village venait de se fonder
dans une contrée d'une fertilité prodigieuse, il résolut
de s'assurer du fait, afin d'en tirer parti, si cela était
possible. Une petite colonne se mit aussitôt en mouvement sous la direction d'un officier distingué, le
capitaine Maillar de Saint-Malo, auquel on adjoignit,
en plus de son escorte, un chirurgien naturaliste. Le
chemin qui conduisait à l'Eldorado en question était
des moins praticables ; des marécages, des roseaux

en obstruaiemt de place en place le parcours et entra-
vaient la marche des soldats. Là s'était retiré, en
effet, loin de toute communication, dans un endroit
à végétation luxuriante et dont la faune était des
plus variées, un sorcier du Marahnam, qui, en butte
aux sarcasmes et aux huées de ses compatriotes,
avait prudemment quitté le pays. Une cinquan-
taine de personnes, hommes et femmes, l'avaient
suivi dans sa fugue, subjuguées par l'ascendant qu'il
avait pris sur elles et par ses sorcelleries. Indus-
trieux, rusé, il prétendait posséder un esprit dont
l'influence était bonne ou mauvaise suivant les cas.
Il y rapportait, quant à lui, toutes ses actions, et,
à l'entendre, les éléments lui obéissaient. Des huttes
se groupèrent en un clin d'œil autour de la sienne.
Voici, concernant le susdit sorcier, ce qui s'était passé
au Marahnam et avait amené son discrédit et sa dé-
confiture. Jouissant, comme sorcier ou barbier, titres
qui avaient la même signification, d'une réputation
très étendue, il se demanda un jour pourquoi il n'en
profiterait pas pour se procurer, selon son goût, au
moyen de ses subterfuges, des instruments de fer et
des vêtements. Il rêvait d'échanges. On payerait de
la sorte ses conseils. Une grosse marionnette, dans le
ventre de laquelle il affirmait avec assurance que se
tenait caché l'esprit auquel il commandait, lui servit
pour attirer la foule. « Il avoit une grosse marion-

nette, dit le P. Yves, qu'il faisoit se mouvoir subtilement, spécialement la mâchoire basse de la bouche, et haranguoit, faisant croire aux femmes des sauvages que si elles vouloient que leurs graines et légumes se multipliassent quatre fois plus qu'elles n'avoient coustume de faire, il falloit qu'elles apportassent quelques unes de ces graines et légumes, et les donnassent à sa marionnette pour les faire tourner trois ou quatre fois dans sa bouche afin de recevoir la force de multiplication de son esprit. »

L'affluence par tous les villages où il s'arrêta fut des plus nombreuses. Une hache ou un habit était le prix de l'opération, qui dénotait, chez ce Cagliostro sauvage, beaucoup d'originalité et pas mal de charlatanisme.

*
* *

Une grande sécheresse s'étant manifestée à cette époque, notre sorcier, qui avait plus d'une corde à son arc, prévint aussi le public que, si on le désirait, il ferait tomber de l'eau. C'était le vœu général. Des processions se succédèrent à cet effet, pendant une semaine entière, tous, hommes, femmes, enfants, portant dans leurs mains des branches de palme. On chantait, dansait, buvait « jusqu'au crever », avoue le P. Yves. Toutefois, malgré les enchantements et *barberies* du sorcier, la pluie ne venait pas. On atten-

dit. Il remplit d'eau alors de larges vases de terre
en marmottant au-dessus des paroles inintelligibles,
puis, y trempant un rameau, il en aspergea un chacun
sur la tête, en disant : « Soyez mondes et purifiez,
afin que mon esprit vous envoye les pluyes en
abondance. » Le ciel fit de nouveau la sourde
oreille. Dépité, notre gaillard se recueillit, et un autre
procédé fut mis en usage. Saisissant un long tuyau
de canne, il le remplit de petun, l'alluma et, en lan-
çant la fumée sur les spectateurs, il leur dit sans
grande variation de ritournelle : « Prenez la force de
mon esprit par laquelle vous serez toujours sains de
corps et vaillants de courage contre vos ennemis. »
Même refus obstiné du Ciel. Las de toutes ces vaines
promesses, le public s'impatientait. Une fâcheuse
inspiration s'emparant à la fin du barbier, il s'écria, en
se tapant sur les cuisses, expression plus solennelle
de ses jongleries, qu'il apercevait distinctement, du
côté de la mer, un gros nuage que les croix élevées
par les Pères empêchaient d'arriver. Il engageait, en
conséquence à les abattre. Aussitôt des murmures se
font entendre de toutes parts ; il y avait là des Français. « Sus au sorcier ! » tel est le cri qui sort de
toutes les bouches. On le menaçait. Ce que voyant,
sa marionnette sur le dos, notre homme déguerpit au
plus vite, et avant que la foule, qui aimait et vénérait
les Pères, fût revenue de son saisissement. Plus tard,

3.

le couvent de Saint-Louis reçut de lui des présents et des excuses.

A quelque temps de là, et toujours sous les mêmes influences, une tribu voisine des Tapinambos, celle des Trémembais, attira les premiers dans un piège. Leur intention était de nous nuire indirectement. Une immense forêt, remplie de millions d'oiseaux, séparait les deux peuplades. La ponte venue, on allait de chaque côté de la forêt aux nids, et c'était à qui, tous les ans, recueillerait le plus d'œufs pour les faire dessécher au boucan. Comme d'habitude, les Tapinambos étaient occupés à leur récolte, lorsque tout à coup les Trémembais, cachés dans un fourré, fondent sur eux les armes à la main, les massacrent ou les emmènent prisonniers. Aucune résistance n'était possible. Quelques Tapinambos seulement purent s'échapper. Embuscades, surprises, la guerre se déclarait souvent ainsi entre pays limitrophes. A la nouvelle de ce désastre, qui frappait presque toutes les loges, on ne se tint pas de colère à Saint-Louis ni de fureur dans les environs. La délibération ne fut pas longue : il fallait se venger. Une troupe, composée de Français et d'indigènes, fut embarquée sur-le-champ, la route par mer étant plus rapide et moins dangereuse. On campa sur le rivage. La nuit, tous les feux furent éteints, dans la crainte que l'ennemi n'eût quelques soupçons de notre approche, des sentinelles veillant toujours, par précaution, au haut des arbres. Le soleil se leva. Un profond silence existait sous les tentes. Les nôtres, après avoir marché plusieurs heures, découvrirent enfin le camp vide des Trémambais, et, à quelques pas de là, un malheureux Tapinambos, presque mort de faim. D'un signe, il leur indiqua où avaient été enterrés ses compagnons « lesquels on trouva la teste fendue et les haches de pierre, desquelles ils leur avoient fendu la teste, mises sur leur corps, comme c'est leur coustume de ne se servir jamais d'une arme quand avec icelle ils ont tué un de leurs ennemis ».

Taillées en forme de croissant, dans une pierre d'un grain très dur, ces haches ne se fabriquaient, suivant la tradition, qu'au premier quartier de la lune. L'opération en train, les femmes et les enfants chantaient et dansaient autour des loges ou *Ajoupas*, comme si quelque chose de mystérieux s'y accomplissait.

*
* *

Ainsi, deux ans s'étaient à peine écoulés depuis que nous étions au Maranham, et, loin de s'y affermir, malgré le courage et l'activité déployés, notre colonie, abandonnée à elle-même, périclitait. Mais avant de dire comment notre occupation y finit, un mot, en attendant, sur les croyances, les mœurs et les habitudes des Tapinambos, les pages qui précèdent n'en ayant offert qu'un tableau incomplet.

Suivant le P. Yves, les Indiens Tapinambos croyaient en Dieu d'une manière assez distincte, et à l'immortalité de l'âme. Ils désignaient Dieu sous le nom de *Toupan*, nom qu'ils donnaient aussi au tonnerre. Toupan court si vite, disaient-ils, qu'il est en même temps partout et qu'aucun homme ne peut le suivre. Jamais, d'après eux, Toupan ne communiquerait avec les barbiers, comme ceux-ci, qui n'ont d'accointances qu'avec le Diable, c'est-à-dire avec Giropary, le prétendent. Les Tapinambos n'adressaient à Dieu ni prières ni sacrifices. Mais s'ils croyaient à Dieu et au Diable, ils croyaient aussi aux bons et aux mauvais esprits, natures intermédiaires entre *Toupan*, et surtout Giropary, et les hommes. Les premiers, les bons esprits, toujours bienfaisants, veillaient sur nous ; ils étaient les protecteurs des jardins et de leurs produits ; tandis que les mauvais, les seconds, satellites de Giropary, aidaient celui-ci dans ses sortilèges. Des animaux invisibles, à voix lamentable, accompagnaient souvent, la nuit, le Diable et ses acolytes à travers les villages abandonnés.

Quant à l'immortalité de l'âme, voici comment le P. Yves s'explique sur ce point. Les Indiens appelaient l'âme *An*, tant que le corps était en vie ; mais, la mort une fois arrivée et l'âme libre, ils lui appliquaient la dénomination d'*Angouere*. Seules, les fem-

mes vertueuses possédaient, comme les hommes, une
âme immortelle ; pour les autres, celles dont la conduite avait été plus ou moins répréhensible, on en
doutait fortement.

Les âmes des méchants, au lieu du repos et des
réjouissances réservés aux bons, devenaient après la
mort la proie de Giropary, dont les barbiers étaient,
nous l'avons dit, les représentants sur la terre.

Comme Giropary, les barbiers avaient, pensait-on,
le pouvoir d'envoyer des maladies à qui ils voulaient et de les faire disparaître également selon
leur fantaisie et leurs caprices. Un souffle, un attou-
chement, suffisaient pour ces manifestations de la
volonté de chacun d'eux. Des degrés, des distances,
les séparaient ; les petits, bien entendu, étaient au-
dessous des grands. Ceux-ci, plus graves, plus ha-
biles, étaient reçus partout où on les appelait « comme
les souverains d'une province ». Rien ne leur était
refusé, ni marchandises ni autres bonnes aubaines.

*
* *

Un jour, deux grands barbiers, nous apprend le
P. Yves (cette rivalité d'influence entre hauts digni-
taires est très vraisemblable), se prirent de querelle
du temps qu'il était à Saint-Louis, celui de Tapouitapere et celui d'une tribu voisine. Le premier, plus

expérimenté, était aussi plus célèbre, ayant acquis
dans son pays et au delà le crédit et « l'authorité
d'un parfait enchanteur ». On racontait de lui des
cures merveilleuses. Cependant Tapy-Ouassou, c'était
le nom du second, « se mocquoit et gaboit de tout
cela », ce qui par parenthèse était peu convenable.
Mais voilà-t-il pas que tout à coup, sous les menaces ou
la crainte de son collègue, Tapy-Ouassou s'affaiblit et
tombe malade. Il dépérissait à vue d'œil. L'imagination s'en mêlant, il ne tarda pas à se persuader, lui,
le suppôt du Diable, que c'était le grand barbier de
Tapouitapere qui lui avait soufflé la maladie dont il
était atteint. « Tous les barbiers et barberots de
l'isle » furent mandés auprès de lui, mais, hélas!
sans aucun succès. On croyait positivement qu'il allait
trépasser. Enfin, n'y tenant plus, le malheureux s'hu-
milia jusqu'à envoyer tout ce qu'il possédait de plus
beau à Tapouitapere, en suppliant son rival de « com-
mander à la maladie de le quitter », ce que celui-ci
fit d'un air digne, après avoir remis aux messagers
du vaincu « je ne sçay quel fatras à manger », dont
il aurait certes ri sous cape s'il ne s'était pris au sé-
rieux. Le remède, toutefois, se trouva infaillible :
Tapy-Ouassou guérit parfaitement.

*
* *

Les barbiers, entre autres singularités qui les dis-
tinguaient, avaient pour coutume au Marahnam de
construire au milieu des forêts, dans les endroits les
plus retirés, de petites niches où ils plaçaient des
idoles de cire ou de bois, hautes d'une coudée et à
figure humaine, idoles qu'ils paraient de plumes et de
fleurs, et devant lesquelles ils brûlaient des gommes
odoriférantes. Ils leur offraient en sacrifice de la
viande, du poisson et des légumes. On n'en faisait
pas autant pour Toupan. Emblèmes de sorcellerie et
par conséquent condamnables, un des religieux de la
mission, le P. Arsène, usa avec insistance de tous les
moyens à sa disposition pour les supprimer ; dans sa
foi robuste, il eut même recours à de pieux exor-
cismes.

Que de gens parmi nous, naïfs et crédules, res-
semblent à nos Tapinambos !

Dans une tribu, le grand barbier ou « sorcier pour
les maladies et enchanteries », autrement dit, le médecin, le magicien, le jongleur, était un des deux principaux personnages. L'autorité suprême se partageait,
en effet, entre lui et le *Mourouichave* ou chef du tem-
porel, dont le pouvoir s'étendait sur toutes les loges.

L'un et l'autre avaient droit à plusieurs femmes, privilège à peu près exclusif, une seule étant le lot du commun. Institué sur ce principe, le sérail du grand barbier de Comma, qu'on appelait Pacamont, se composait d'une trentaine d'Indiennes. Laid et mal bâti, ce Pacamont, dans sa sauvagerie, ne manquait pas de vanité. Ayant eu besoin pour affaires de religion à Saint-Louis, il voulut frapper les yeux des soldats en entrant dans le fort à califourchon sur le dos d'une de ses odalisques, qu'il avait fait peindre exprès tout en noir pour la circonstance. La pauvre diablesse, bien que des plus robustes, n'en pouvait mais sous la lourde charge de son seigneur et maître, tatoué de la belle façon et emplumé au goût du jour. Le P. Yves, en narrant l'anecdote, ne dédaigne pas le mot plaisant : « Pensez, dit-il, si la compagnie peut s'empescher de rire, voyant un des princes du Brésil monté sur un si beau roussin. »

*
* *

Faciles à instruire, doués d'aptitudes diverses, les Tapinambos apprirent sans effort la plupart de nos métiers. En quelques mois, on vit se former parmi eux des taillandiers, des cordiers, des tailleurs, des cordonniers, des briquetiers, des maçons, des charpentiers, des laboureurs, etc. Le P. Yves ne revenait pas de son étonnement. Aussi, tout en plaignant ses chers néophytes de l'état d'ignorance dans lequel ils végétaient sous une foule de rapports, s'étend-il avec une cordiale et touchante bonhomie sur leur mode d'éducation naturelle et leur manière de vivre. O Jean-Jacques! que n'as-tu connu le P. Yves! Rien de plus séduisant que la peinture qu'il fait des premières années de la vie chez les Indiens. Ce portrait, dans son ébauche, aurait souri au philosophe de Genève.

Aussitôt sorti du sein de sa mère, bien nettoyé et lavé dans un bassin ou le ruisseau, un petit lit de coton recevait le nouveau-né. Le lait maternel était sa seule nourriture, sauf parfois un peu de bouillie de mil ou de manioc qu'on y ajoutait. Ni liens ni vêtements ne gênaient ses membres qui restaient toujours libres. Par suite, jamais de cris ni de pleurs, observe le P. Yves, pourvu toutefois que l'enfant, placé n'importe où, ne perdît pas sa mère de vue. A sept ans, si c'était un petit garçon, on mettait entre les mains du bambin un petit arc et des flèches, afin de l'habituer de bonne heure à viser juste. Comme distraction, on l'emmenait de temps à autre à la chasse ou à la pêche. Ses jeux, les jeux de l'enfance, ressemblaient à ceux qu'on retrouve dans tous les pays. A sept ans également, l'enfant, si c'était une petite fille, commençait, d'après un autre ordre d'idées, à s'occuper du ménage, à filer du coton, à confectionner des vases de terre. Puis, se sentant grandir et la quinzième année approchant, d'autres sentiments ou aspirations la troublaient. C'était l'âge des promenades au loin, dans les bois. « Nous passerons sous silence, dit le P. Yves, l'abus qui se commet dans ces années par la tromperie que la coustume de leur nation deceue leur a imprimée pour loy dans leur esprit. » A quinze ans, le jeune garçon ne dépendait plus que de son père. On l'habituait à manier l'aviron ; il travaillait, préparait ses flèches, ses hameçons. Il allait et venait seul, suivi de ses chiens. On le considérait enfin comme capable de contribuer pour sa part à l'entretien de la famille. S'il assistait à un carbet, il ne lui était pas permis encore d'y parler ; son devoir lui enjoignait, au contraire, d'écouter avec attention les anciens. L'instruction donnée par ceux-ci se bornait à l'histoire orale des aïeux, à celle de la tribu.

D'ordinaire, les hommes ne se mariaient que vers vingt-cinq ans, en plein développement de leurs facultés physiques. « La nature avait donné, écrit le P. Yves, spécialement aux Tapinambos, un corps bien faict, bien proportionné et d'une stature convenable. » A l'exemple des Français, quelques-uns laissèrent pousser leur barbe et des moustaches. Le jour du mariage, les présents échangés entre les deux conjoints consistaient, du côté de la mariée, en

quelques courges, le plus souvent son seul capital,
et, du côté du marié, en trente ou quarante bûches,
qu'on portait dans sa loge pour y entretenir le feu de
noces. Ces formalités accomplies, un repas ou caouin
général clôturait mirifiquement la fête.

Sobres, et à l'occasion, volontiers même, intem-
pérants, les Indiens aimaient avec passion les liqueurs
fermentées, le vin de miel, de pommes d'acajou, et
par-dessus tout l'eau-de-vie, qu'ils appelaient *caouin
tata* ou brûlant. Un sauvage s'exprimait ainsi dans
un entretien qu'il eut avec le P. Yves à Saint-Louis :
« Il n'est pas que tu n'en ayes quelque bouteille en
ton coffre ; baille, baille-moy ta clef. » Et après en
avoir troussé un assez bon coup, remarque le Père,
il me fit signe et me fit dire par le truchement que
je n'avois pas bu à luy, qu'il falloit que je beusse, et
puis qu'il me plegeroit. » Avec ses ruses, le malin
sauvage aurait vidé la bouteille.

A partir du jour de leur mariage, les femmes, à
défaut de bêtes de somme dans la contrée, en rem-
plissaient auprès de leurs maris les pénibles offices.
(Le cheval et le lama, trouvés depuis à l'état fossile
dans des cavernes, avaient disparu.) Elles cultivaient
les jardins, portaient les fardeaux. L'inconduite chez
elles était sévèrement punie au nom de la tribu.
C'était, ainsi qu'on l'a rapporté, l'homme qui, après
l'accouchement de sa femme, prenait le lit, et,

comme s'il souffrait, y poussait des soupirs, des gé-
missements. Toutes les commères du village venaient
tour à tour l'y visiter, soupirant et gémissant avec
lui. Le fait est que cette suppléance ne l'amusait pas
toujours, la nourriture, de même qu'à un malade,
lui étant mesurée avec une désespérante par-
cimonie. Dans les idées des Indiens, le salut du
nouveau-né était attaché, on le sait de reste, à cette
pratique bizarre, en usage aujourd'hui encore, sous
la dénomination de *Couvade*, parmi les Galibis.

A l'heure de la mort, tous les proches et les voisins
de l'agonisant se réunissaient dans sa loge pour le
plaindre et répandre des larmes en sa présence.
C'était pour lui un bon signe et une très grande
consolation que d'être bien pleuré. Des sanglots et
des hurlements annonçaient sa fin. Un des anciens
prenait alors la parole, et, racontant les faits et gestes
du défunt, il terminait son discours d'adieu par ces
mots : « Y a-t-il quelqu'un qui se plaigne de luy ?
N'a-t-il pas fait en sa vie ce qu'un fort et vaillant
doit faire ? » Cela dit, on le couvrait ou plutôt on le
parait de ses plus belles plumes ; puis, sa fosse ayant
été creusée dans le voisinage, on le descendait au
fond, les genoux pliés, le corps tout droit, son coffin
de petun d'un côté, à droite, avec des provisions, et de
l'autre, à gauche, toutes ses armes de guerre, son arc,
ses flèches. N'avait-il pas été un fort et un vaillant ?

Un feu de copeaux, allumé sur les parois de la
fosse, était le signal du départ. Mais, avant de
s'éloigner, que de recommandations de la part des
assistants pour les parents et amis déjà dans l'autre
monde !

*
* *

Que la société, telle qu'elle vient de nous apparaître chez les Indiens, et en particulier chez les
Tapinambos, existât depuis de longs siècles dans cet
état d'infériorité intellectuelle, cela n'est guère dou-
teux. Arrivée à un certain degré, la civilisation dont
ils jouissaient s'arrêta faute d'éléments nouveaux
ou étrangers, incapable par elle-même d'aller plus
loin. Toutefois un fonds commun d'idées, de sentiments, de besoins, d'intérêts, animait comme ceux du
Nord les sauvages de l'Amérique du Sud, et de là,
malgré l'horizon borné où ils vivaient, leur réunion
en peuplades alliées ou hostiles. Mais, pour stimuler
leurs facultés, nulle industrie, nul commerce, aucun
effort moral ne les rapprochait. Simples, confiants, ils
étaient en même temps soupçonneux et cruels. Sans
doute, d'homme à homme des rapports d'amitié ou de
sympathie avaient modifié plus ou moins leur caractère. La famille y fut trouvée organisée. Respectueux
envers leurs parents, ils l'étaient aussi vis-à-vis des

vieillards. On y pratiquait le culte des souvenirs; on y choyait, on y adorait l'enfance. Que leur manquait-il donc ? Inconscients de plus de bien-être, au point de vue de l'honnête et du vrai, des milliers d'années auraient pu passer encore sur eux, sans apporter aucun changement dans la grossièreté stationnaire de leurs mœurs. Peut-être, toutes choses étant relatives, bien que dignes de pitié à nos yeux, n'étaient-ils pas, en ce qui les concernait, mécontents de leur sort. Si, en définitive, le contact des Européens fut profitable à quelques Tapinambos, et il le fut, refoulés pour la plupart par les Portugais dans les solitudes du Marahnam, ils ne comptent plus à présent, et depuis longtemps déjà, que des représentants dégénérés.

D'où venaient toutes les populations du Brésil ? A quelle race les rattacher ? Étaient-elles nées sur le sol, autochtones, en un mot, ou parties jadis d'un point quelconque de l'ancien continent, ne pourrait-on pas les considérer comme s'étant avancées jusque-là de migration en migration ? Cette question d'ethnographie a été résolue différemment.

*
* *

En 1614, dès les premiers mois de l'année, notre colonie ballottée, avons-nous dit, par des chances diverses, périclitait. Pour surcroît de misère, Yves d'Evreux, accablé d'ennuis et succombant, à bout d'épreuves, aux fatigues de son apostolat (il était presque perclus), avait été contraint de quitter la mission. Un autre religieux, un grand seigneur celui-là, le P. Archange de Pembroke [1], arrivé de France tout récemment, la dirigeait à sa place. Cependant les Portugais, sous l'impulsion du gouverneur du Brésil, Jérôme d'Albuquerque, gagnaient peu à peu du terrain, et un choc, toujours imminent, entre leurs troupes et les nôtres ne pouvait plus être évité. Au mois de novembre, La Ravardière, assiégé dans Saint-Louis, se vit bientôt réduit aux dernières extrémités de la lutte. Deux cents Français et mille cinq cents Tapinambos, tel était le chiffre auquel s'élevaient les forces de la garnison. Le 19, une sortie héroïque fut sur le point de réussir, en jetant le désordre parmi les assiégeants. Malheureusement, un

---

1. Onze religieux l'avaient suivi, et, parmi eux, François de Bourdemare, l'auteur d'une relation introuvable : *Relatio de populis brasiliensibus* (Madrid, 1617, in-4º).

mouvement mal exécuté et la mort du lieutenant de Pézieux la compromirent. Enfin il fallut céder au nombre. La capitulation fut, il est vrai, des plus honorables, le vainqueur ayant pour le vaincu la plus haute estime. D'un commun accord, on ajourna à un autre moment la discussion des clauses du traité, presque toutes ces clauses devant, en somme, se débattre en Europe. Toutefois, comme conclusion, le Marahnam était perdu pour nous.

Moins heureux que ne le sera Montcalm au Canada en 1759, La Ravardière survécut à sa défaite. Une étroite captivité, d'où il ne sortit qu'au bout de trois ans, l'attendait en effet, malgré des engagements sacrés, au fort de Belem en Portugal.

*
* *

Mais que devint notre compatriote, le P. Yves, après son retour en France ? Rentré à Paris dans sa cellule, la mémoire riche de faits, de souvenirs, l'esprit libre et le corps débarrassé de ses souffrances, il n'eut plus d'autre pensée, à l'imitation du P. Claude d'Abbeville, que celle d'écrire l'histoire de son séjour au milieu des sauvages du Marahnam. Il n'est pas superflu de rappeler que là-bas, au delà de l'Atlantique, il avait laissé, comme pasteur spirituel, une partie de son cœur. Ses loisirs ainsi occupés, il pourra donc s'imaginer sans illusion qu'il est encore utile à son pays. Orateur et écrivain, la tâche, malgré son étendue, lui souriait. Il la commença aussitôt, encouragé et soutenu par quelques amis, et il la mena à terme, en moins d'un an, sans fatigue ni ennui, et avec un talent de plume qui, au point de vue de la forme et de la couleur, est digne des plus vifs éloges. Rien de plus instructif ni de plus pittoresque que l'ouvrage du révérend capucin sur ce coin alors inconnu du monde ; il y règne d'un bout à l'autre un accent de bonne foi et de sincérité qui séduit. Pleines d'intérêt, ses descriptions en géographie et en histoire naturelle ont, comme style, un charme particulier qui rappelle les vieux maîtres. Si ce n'est pas un savant, un naturaliste, c'est toujours un observateur sagace qui a vu et bien vu qui écrit.

Néanmoins, au mépris de ces qualités, le manuscrit du P. Yves à peine imprimé, comment expliquer les mesures de rigueur qui, après coup, s'opposèrent à la publication du livre ? Tous les exemplaires furent détruits, par ordre, à l'exception d'un seul, sauvé heureusement et comme par miracle par l'amiral de Razilly. Louis XIII venait de se marier. Des courtisans, assurément trop empressés, prétendirent, peut-être sans le connaître, que le récit, pourtant si sage, si modéré, de l'historien, était susceptible dans certains passages de déplaire à la cour d'Espagne, dont le Portugal dépendait, depuis 1580, par suite des intrigues à main armée de Philippe II.

Cette disgrâce imméritée dut affecter douloureusement le pauvre moine.

Yves d'Évreux, né vers 1577, mourut, selon toute probabilité, d'après M. Ferdinand Denis, son savant éditeur, à Saint-Éloy, près de Gisors, en 1632, ou 1633, dans un prieuré de son ordre, complètement oublié et dans la retraite la plus profonde. — Mais où était-il né ? — Une pierre tombale, découverte dans l'église de Normanville, indique la place où furent déposés les restes de son père, dont le nom était Simon Michellet. On lit, en effet, sur cette pierre, où le père et le fils sont représentés à genoux devant le Christ, l'inscription suivante :

Icy devant gist Me Simon Michellet qui, par son testament, a fondé un obit pour estre céans, chacun an, célébré le XXIe de juillet à trois haultes et trois basses messes et vigilles le jour précédent. — Item Me Simon Michellet, son fils unicque, depuis nommé Yves en la religion des Capuchins par son testament faict avant sa profession, a aussi fondé trois basses messes pour estre célébrez céans, l'une le jour de la sainct Jehan Baptiste à l'honneur d'iceluy sainct et de saint François, la ij^e le jour de la nativité de Nostre-Dame, à l'honneur d'icelle et de sainte Genneviesve, et la iij^e le jour sainct Michel à l'honneur d'iceluy et de saint Yves. — Pour accomplir ce que dessus, a esté délaissé à la fabricque de céans trois pièces de terre, l'une

contenant lxxj perches aux vignes Godelineaulx, la ij⁰ une
vergée soubz les boettes, et la iij⁰ trois vergées soubz les
champs, comme le tout apert par contract passé au tabel-
lionnage d'Euvreux, le viij⁰ de mars 1598. Priez Dieu
pour eulx !

De nouveaux documents combleront, il faut l'es-
pérer, les lacunes qu'offre la vie du P. Yves. Peut-
être M. Ferdinand Denis, toujours actif et chercheur
malgré ses quatre-vingt-dix ans, en a-t-il de précieux
dans ses papiers.

Janvier 1887.

A PARIS

DES PRESSES DE JOUAUST ET SIGAUX

Rüe Saint-Honoré, 338

—

M DCCC LXXXVII